Tucholsky
Wagner
Zola
Scott
Sydow
Fonatne
Freud
Schlegel
Turgenev
Wallace
Twain
Walther von der Vogelweide
Fouqué
Friedrich II. von Preußen
Weber
Freiligrath
Frey
Kant
Ernst
Fechner
Weiße Rose
von Fallersleben
Frommel
Fichte
Richthofen
Hölderlin
Engels
Fielding
Eichendorff
Tacitus
Dumas
Fehrs
Faber
Flaubert
Eliasberg
Ebner Eschenbach
Feuerbach
Maximilian I. von Habsburg
Fock
Zweig
Eliot
Vergil
Ewald
London
Goethe
Elisabeth von Österreich
Mendelssohn
Balzac
Shakespeare
Dostojewski
Ganghofer
Lichtenberg
Rathenau
Doyle
Gjellerup
Trackl
Stevenson
Hambruch
Tolstoi
Lenz
Mommsen
Hanrieder
Droste-Hülshoff
Thoma
von Arnim
Hägele
Hauff
Humboldt
Dach
Verne
Reuter
Rousseau
Hagen
Hauptmann
Gautier
Karrillon
Garschin
Defoe
Baudelaire
Damaschke
Descartes
Hebbel
Hegel
Kussmaul
Herder
Wolfram von Eschenbach
Schopenhauer
Dickens
Rilke
George
Darwin
Melville
Grimm Jerome
Bronner
Aristoteles
Bebel
Proust
Campe
Horváth
Voltaire
Federer
Bismarck
Vigny
Barlach
Herodot
Gengenbach
Heine
Storm
Casanova
Tersteegen
Gilm
Grillparzer
Georgy
Chamberlain
Lessing
Langbein
Gryphius
Brentano
Lafontaine
Strachwitz
Claudius
Schiller
Kralik
Iffland
Sokrates
Katharina II. von Rußland
Bellamy
Schilling
Gerstäcker
Raabe
Gibbon
Tschechow
Löns
Hesse
Hoffmann
Gogol
Wilde
Gleim
Vulpius
Luther
Heym
Hofmannsthal
Morgenstern
Roth
Klee
Hölty
Goedicke
Heyse
Klopstock
Kleist
Luxemburg
Puschkin
Homer
Mörike
Musil
La Roche
Horaz
Machiavelli
Kierkegaard
Kraft
Kraus
Navarra Aurel
Musset
Moltke
Nestroy Marie de France
Lamprecht
Kind
Kirchhoff
Hugo
Laotse
Ipsen
Liebknecht
Nietzsche
Nansen
Ringelnatz
Marx
Lassalle
Gorki
Klett
Leibniz
von Ossietzky
May
vom Stein
Lawrence
Irving
Petalozzi
Knigge
Platon
Kafka
Sachs
Pückler
Michelangelo
Kock
Poe
Liebermann
de Sade Praetorius
Mistral
Zetkin
Korolenko

Der Verlag tredition aus Hamburg veröffentlicht in der Reihe **TREDITION CLASSICS** Werke aus mehr als zwei Jahrtausenden. Diese waren zu einem Großteil vergriffen oder nur noch antiquarisch erhältlich.

Symbolfigur für **TREDITION CLASSICS** ist Johannes Gutenberg (1400 — 1468), der Erfinder des Buchdrucks mit Metalllettern und der Druckerpresse.

Mit der Buchreihe **TREDITION CLASSICS** verfolgt tredition das Ziel, tausende Klassiker der Weltliteratur verschiedener Sprachen wieder als gedruckte Bücher aufzulegen – und das weltweit!

Die Buchreihe dient zur Bewahrung der Literatur und Förderung der Kultur. Sie trägt so dazu bei, dass viele tausend Werke nicht in Vergessenheit geraten.

Singinens Geschichten

Paula Dehmel

Impressum

Autor: Paula Dehmel
Umschlagkonzept: toepferschumann, Berlin

Verlag: tredition GmbH, Hamburg
ISBN: 978-3-8424-8916-5
Printed in Germany

Rechtlicher Hinweis:
Alle Werke sind nach unserem besten Wissen gemeinfrei und
unterliegen damit nicht mehr dem Urheberrecht.

Ziel der TREDITION CLASSICS ist es, tausende deutsch- und
fremdsprachige Klassiker wieder in Buchform verfügbar zu
machen. Die Werke wurden eingescannt und digitalisiert. Dadurch
können etwaige Fehler nicht komplett ausgeschlossen werden.
Unsere Kooperationspartner und wir von tredition versuchen, die
Werke bestmöglich zu bearbeiten. Sollten Sie trotzdem einen Fehler
finden, bitten wir diesen zu entschuldigen. Die Rechtschreibung der
Originalausgabe wurde unverändert übernommen. Daher können
sich hinsichtlich der Schreibweise Widersprüche zu der heutigen
Rechtschreibung ergeben.

Singinens Geschichten

von

Paula Dehmel

Herausgegeben von Richard Dehmel

in E. A. Seemanns Verlag

Leipzig
1921

Warum Singine Geschichten schreibt

Ich heiße Singine; ist das nicht ein schöner Name? Ich bin am Ostersonntag beim Glockenläuten geboren; ist das nicht ein schöner Geburtstag? Und weil ich einen so schönen Namen und einen so schönen Geburtstag habe, weiß ich gewiß auch oft so schöne Geschichten; das heißt, ich finde die Geschichten schön, und es macht mir Freude, daß ich sie mir selber ausdenken kann.

Feine Lieder und Gedichte kenne ich auch 'ne ganze Masse, und die stehn in keinem Schulbuch. Line singt manchmal so'was bei der Arbeit, auch die alte Margret unten im Dorf weiß allerlei nette Verschen; da paß ich auf und behalte sie im Kopf, das macht mir Spaß. Mutter und Vater bringen mir auch mal ein neues Gedichtchen zum Auswendiglernen. Und manchmal fallen mir auch selbst welche ein.

Ich habe aber keinen Bruder und keine Schwester, darum muß ich immer alles unserm Dorkas vorerzählen; das ist ein guter langhaariger Jagdhund, der hört artig zu, wenn ich ihn dabei kraue. Neulich kam grade Onkel Joachim dazwischen und hörte auch zu und wunderte sich, daß wir da beide zusammen auf der Treppe saßen und uns was erzählten.

Singine, hat er da mittenrein gesagt, Singine, weißt du was? Schreib doch alle deine Geschichten und Lieder auf, das ist ein schöner Zeitvertreib, und wenn du's gut machst, kommen sie vielleicht mal zu Weihnachten in ein richtiges Bilderbuch, und viele Kinder, die du garnicht kennst, kriegen deine Geschichten und Liederchen zu lesen; wär das nicht fein?

Da habe ich mich mächtig gefreut und bin gleich an meine Schublade gelaufen und habe mir ein neues Schulheft geholt, und nun will ich immer hübsch aufschreiben, wenn mir was Schönes einfällt, und wenn ich in der Stube bleiben muß. Es ist doch nett, wenn Kinder die Geschichten zu wissen kriegen, nicht blos Hunde; die verstehn ja doch nicht viel davon, finde ich.

Und richtigen großen Leuten mag ich nicht gern was erzählen. Die lachen immer so komisch und glauben mir nicht; und Geschichten müssen geglaubt werden, sonst ist es kein schönes Spiel.

Meint ihr nicht auch, ihr Kinder, da draußen in der großen Welt?

Von den tanzenden Sternen

Denkt doch: ich habe mit Sternen getanzt! mit gelben, grünen, roten und blauen Sternen! Es waren lauter Damen, und sie hatten sich blos so angezogen; aber man konnte sehn, daß sie Sterne waren.

Sie hatten Schimmerkleidchen an und goldene Schuhe, und trugen auf ihren Köpfen kleine Zittersternchen; das sah hübsch aus. Muttis Kleid war lang und blau und mit hundert silbernen Sternen bestickt.

Mutti hatte mich aus dem Bett geholt, damit ich alles sehn sollte, und ich durfte gleich im Nachtkittel mitkommen. Und die Sterne wollten mit mir tanzen, und ich kann ja noch nicht richtig tanzen, blos hüpfen, aber es ging ganz gut.

Da waren viele lustige Menschen, aber ich konnte sie nicht erkennen; sie hatten alle kleine schwarze Masken vor dem Gesicht. Blos Vater habe ich gleich erkannt, weil ich weiß, wie er geht. Er hatte einen geblümten Schlafrock an, und sein Kopf war der Mond, der richtige Vollmond. Und aus den Taschen von dem Vollmond guckten zwei kleine Monde raus, schmale dünne Möndchen mit ausgeschnittenen Gesichtern; das war sehr komisch.

Hinten in der Ecke machte ein großer Bär Kunststücke; und sieben Sterne, Mutti nannte sie die Plejaden, tanzten einen schönen Reigen um ihn herum. Den Bären hat gewiß Onkel Joachim gespielt; der macht immer so drollige Geschichten. Und gestern war sein Geburtstag, da hat er alle Gäste zu einem Himmel- und Luftfest eingeladen, wie mir Mutti erklärte.

Sie selbst war der Augusthimmel und warf kleine silberne Sternschnuppen unter die Leute, mit Schokolade drin; ich habe mir auch eine aufgefangen, sie schmeckte fein.

Und ein Mars war da mit einem Helm und Speer und Schild, und ein Jupiter mit einem Blitzbündel, und eine graue Wolke und eine weiße, und ein Sturmwind mit großen schwarzen Flügeln, und ein Regen. Dem Regen hingen lauter Bindfaden vom Kopf bis auf die Erde, und er hatte einen Krug mit Wasser; darin pantschte er herum und bespritzte uns, und wir mußten sehr lachen. Nachher schraubte der große Bär die Gasflammen runter, und die Plejaden sangen ein wunderschönes leises Lied; das klang ganz wie im Märchen.

Als das Lied aus war, mußte ich wieder zu Bett. Das war schade; aber ich habe nachher immer noch mit den Sternen getanzt.

Vom Windjungen

Heute bin ich mit dem Windjungen gefahren. Sein Haar war zerzaust, seine Höschen zerrissen. Er ging barfuß und zog einen Wagen hinter sich her. Willst du mitfahren? fragte er. Natürlich wollte ich. Ich setzte mich hinein, und nun gings im Galopp die Chaussee runter. Der Wagen ratterte, und wir atmeten laut, weil es so schnell ging.

Plötzlich krigte der Windjunge Flügel, und nun gings hoch in die Luft. »Sachte«, sagten die alten Kiefern und schlugen nach uns mit ihren Zweigen. »Sachte!« sagten sie noch einmal; wir fuhren aber immer schneller und lachten die dummen Bäume aus.

Auf dem Felde standen Ähren und Feldblumen; wir fuhren mitten durch. Sie bogen und krümmten sich, es tat ihnen weh; aber der unartige Windjunge schrie: hurra, durch! und wir fuhren weiter.

Wir rollten in den See, und das Wasser spritzte um unsern Wagen. Die Räder waren ganz tief drin, aber wir fürchteten uns nicht. Windjunge schlug mit seiner Peitsche auf die Wellen; die schäumten vor Wut, sie konnten uns aber nichts tun. Hui, patsch, rollten wir mitten durchs Wasser. Ein paar Möwen kreischten laut auf; die freuten sich gewiß über den wilden Jungen. Ich lachte und meine Haare flogen ebenso wild wie die Möwen.

Hei, nun gings in den Sandberg am Ufer. Wie der plusterte und stöberte! Die kleinen Käferchen duckten sich und lagen ganz still, als der Wagen ankam. Die Blütenblätter der wilden Rosen hüpften von den Zweigen und tanzten wie Schmetterlinge vor uns her. Herrlich! Wir schüttelten uns vor Freude!

Windjunge, sagte ich, jetzt muß ich aber nach Hause; es war sehr schön, und ich will wohl wieder mit dir fahren.

Er lachte und nickte, und ich lief ihm weg. Mit zerrissenem Rock und offenen Haaren kam ich zum Mittagbrot nach Hause.

Wie siehst du denn aus, Singine? sagte meine Mutter. Aber sie schalt nicht. Wir haben uns sehr lieb, meine Mutter und ich.

Lied vom Winde

Wenn der Wind über Wiesen und Felder rennt,
renn ich mit;
da denk ich, daß ich fliegen kann,
und guck mir lustig die Vögel an,
susewitt, susewitt.

Wenn der Wind durch die Sträucher und Bäume fegt,
feg ich mit;
die Blütenkätzchen feg ich zu Hauf
und setz mir vom Ahorn ein Nasenhütchen auf,
susewitt, susewitt.

Wenn der Wind durch die Turmlöcher singt und pfeift,
pfeif ich mit;
sein Jodler wird mir garnicht schwer,
und den Brummbaß lern ich so nebenher,
susewitt, susewitt.

Vom Nacktspielen

Gestern freute ich mich sehr. Förster Fröhlich kam mit Erich und Marie zu Besuch. Erst gabs Kaffee mit frischen Waffeln, dann spielten wir Versteck auf dem Hof und Brückenmännchen; das war lustig.

Nachher gingen wir auf die Wiese und machten Kränze aus Gänseblümchen und lange Ketten von Nußblättern; damit putzten wir unsre Haare und Kleider. Aber ich sagte: Wißt ihr was? das Spiel muß viel hübscher sein, wenn wir nackend sind. Und wir liefen hinter das Gartenhaus, wo uns niemand sehn konnte, und zogen uns aus.

Unsre Kränze hingen wir uns um den Hals und um die Schultern, und dann faßten wir uns an und gingen in der Sonne spazieren. Wir spielten alte Griechen. Erich war der Prinz Paris und sollte der Schönsten einen Apfel schenken. Er fand uns aber alle beide am schönsten und aß den Apfel selber auf; da mußten wir sehr lachen.

Plötzlich kam meine Mutter. Sie sah ganz erschrocken und zornig aus. Schämt ihr euch denn nicht, ihr großen Kinder, sagte sie; sofort zieht ihr euch wieder an!

Die kleine Marie fing an zu weinen, und wir suchten rasch unsre Kleider.

Ich war fast böse auf meine Mutter. So schrecklich unartig waren wir doch garnicht gewesen. Und geschämt hatte ich mich eigentlich auch nicht. Das tue ich blos wenn mich einer sehr lobt, oder wenn ich was Dummes gemacht habe.

Und Mutter fragt mich doch nie, ob ich mich schäme, wenn ich in der Badewanne sitze und sie mich abseift; und da bin ich doch auch nackt.

Und das Spiel war so lustig, und die Nußblätter sahen so grün und frisch aus auf unsrer weißen Haut. Blos ein bißchen bange war mir gewesen, ob ich die Schönste sei – ja, das ist wahr –

Ob Mutting vielleicht doch Recht gehabt hat? – –

Vom Himmelsprinzeßchen

Heut Morgen fragte mich der alte Steffens, ob ich Schoten pflücken wollte. Ich tue so'was sehr gern und sagte ja. Steffens gab mir einen großen Henkelkorb, und ich ging in den Gemüsegarten.

Die Sonne flimmerte, und es war ganz still und heimlich. Die weißen Blüten oben auf den Erbsenstauden saßen da wie kleine Schmetterlinge und wippten rauf und runter, wenn ich die Schoten unten abpflückte. Ein Grasmückchen sang dazu, es war allerliebst. Die dicken Schoten pflücke ich immer in den Korb und die dünnen esse ich auf; die schmecken nämlich so süß wie Marzipan, und viel frischer.

Ich hatte meinen Korb schon halb voll, da wurde ich mit einem Mal müde. Ich mußte die Augen ein paarmal aufreißen, weil sie zufallen wollten. Da legte ich mich lieber ein bißchen hin und kippte den Strohhut über das Gesicht, weil die Sonne so sehr brannte.

Plötzlich pickt mich was am Arm. Ich gucke aber nicht hin und frage blos: wer ist denn da? – Ich bin das Himmelsprinzeßchen, sagt da jemand neben mir; willst du mit mir spielen?

Nein, sage ich, ich bin jetzt zu müde; kannst du nicht ein ander Mal wiederkommen?

Das weiß ich noch nicht, sagte das Himmelsprinzeßchen und lachte; aber wenn du so müde bist, will ich dir ein Liedchen vorsingen, dabei kannst du ja einschlafen.

Tu das, sagte ich und blinzelte so nach ihr hin. Sie war ein bißchen kleiner als ich und ganz aus Silber; blos ihre Haare flimmerten wie Gold. Sie tanzte um mich rum und sang.

> Ich bin das Himmelsprinzeßchen,
> habe Flügel von blauem Duft,
> ich schlafe im Wolkenbettchen
> und bade in Licht und Luft.
>
> Mir gehört die silberne Schaukel
> hoch oben im Himmelssaal;
> wenn die goldenen Seile schwingen,

blitzt es unten im Tal.

Der alte Wetterriese
donnert und schilt mich aus;
ich hüpfe über die Sterne
und lache den Brummbart aus.

Die Mirlamein vom Monde
webt meine Kleider und Schuh;
die gute Mutter Sonne
gibt goldene Spangen dazu.

Der liebe Gott hat mich gerne,
ich bin sein liebes Kind;
er nimmt uns auf die Kniee,
mich und den Frühlingswind.

Des Abends sitzen wir stille
bei Mirlamein im Zelt,
und spinnen Wünsche und Träume
und streuen sie über die Welt.

Das ist ja ein hübsches Liedchen, sagte ich; das werde ich Line morgen vorsingen, die hört solche Lieder gern. Aber willst du mich nicht mal auf deiner Schaukel schaukeln lassen? Das muß lustig sein.

Natürlich! sagte das Himmelsprinzeßchen und lachte, daß ihre weißen Zähne blitzten. Setz dich nur auf meinen Rücken, ich nehme dich mit.

Das tat ich, und nun gings hoch, geradenwegs in die Sonne.

Mach nur die Augen zu, sonst tun sie dir weh, sagte das Himmelsprinzeßchen; wir sind gleich da. Und sie hielt ihre großen blauen Flügel dicht über mich.

Eine kleine graue Wolke wollte an uns vorüber. Heda, Wolke, hierher! rief die Kleine. Und wirklich, sie kam angeflogen, und wir krochen beide hinein. Da war es kühl und schummrig drin und so weich wie im Heu. Zur Schaukel! befahl das Himmelsprinzeßchen.

Zu Befehl! brummte die Wolke, grade wie ein Soldat, und brachte uns im Nu zu der großen Schaukel. Die hing an zwei roten Sternen mitten am Himmel. Wir setzten uns hinein, und nun gings los. Hurra, wie die Sterne an uns vorüberflogen! Der Mond schoß Purzelbäume neben uns, der Komet schlug ein Rad wie ein Pfau; und ich wußte nicht mehr, ob mein Gesicht oben war oder meine Füße. Nein, so herrlich kann man auf der Erde nicht schaukeln; das war eine richtige Himmelsschaukel, ich schrie vor Vergnügen . . .

Na, Mädel, nennst du das Schotenpflücken? sagte da der alte Steffens und nahm mir den Strohhut vom Gesicht; schläfst bei hellichtem Tage!

Ach, Steffens, ich war mit dem Himmelsprinzeßchen auf seiner Schaukel, da hatte ich nicht viel Zeit zum Schotenpflücken. Der halbe Korb ist aber schon voll; sei man nicht böse.

Nö, nö, machte der; jetzt geh nur Kaffee trinken, Mutter hat schon zweimal nach dir gerufen.

Von der Eule und den Märchenstuben

Puhuh! machte es in der Nacht und stieß an mein Fenster. Ich stand auf und öffnete es; da saß eine große Eule draußen, und ihre roten Augen flimmerten. Sie hatte einen Mäuseschwanz zwischen den Klauen und tippte mich damit an; da wurde ich auch eine Eule und durfte mitfliegen.

Es war ganz dunkel, aber ich hatte ja Eulenaugen und konnte fein sehen. Wir flogen durch den Wald; der Wind blies die Zweige auf und nieder, und sie rauschten sehr. Kein einziger Stern stand am Himmel; mir war gruselig, aber schön zu Mute.

Ganz schwarz lag der See unten; er sah garnicht mehr aus wie Wasser. Ein paar Frösche quarrten laut ihre langen Töne.

Unsre Flügel surrten wie große Brummfliegen, als wir runterflogen; und der Stein war kalt und glibberig, auf den wir uns hinhockten.

Hier wollen wir Mäuse fangen, sagte die Eule und lauerte mit ihren gelben Augen. Und wirklich kam eine Maus unter dem Stein hervor.

Ich sah zu, wie sie auf sie loshackte und sie auffraß. Willst du auch was davon? fragte sie; aber ich hatte keine Lust zu Mäusebraten.

Endlich war sie satt, und wir konnten weiterfliegen. Husch, hoch hinauf in den alten Turm, wo die uralte Glocke hängt, die ganz von alleine läutet, wenns stürmt oder wenn einer sich selbst umbringt.

Sie klang leise, als unsre Flügel an sie antippten. Unter dem Steingesims hingen eine ganze Masse Fledermäuse, mit den Füßen nach oben. Wir jagten sie auf, und nun machten sie große Kreise, immer um uns rum, aber muckstill; man hörte sie nicht fliegen.

Soll ich dir das Turmgemach zeigen, wo Dornröschen eingeschlafen war? fragte die Eule, und wir flogen rings um den Turm. Wir kamen an ein großes Fenster und sahen in die Stube. Da stand wirklich noch das alte verstaubte Spinnrad, die Spindel lag am Boden, und Spinnweben hingen überall. Eine alte häßliche Fee war aber nicht da; die ist gewiß schon lange gestorben, und Dornröschen auch und der Prinz.

Weißt du noch mehr Märchenstuben? fragte ich die Eule.

Ja, willst du Ritter Blaubarts Turmgemach sehen? mit all den abgehackten Köpfen? Und die gelben Augen funkelten ihr, als sie das sagte.

Ich fürchtete mich aber und schrie: nein, lieber nicht! Da lachte die Eule; schrecklich lachte sie, mir wurde ganz angst. Ich wachte auf und saß im Hemd auf dem Fensterbrett und mußte sehr niesen.

Ich ging wieder zu Bett und zog die Decke fest über den Kopf; aber einschlafen konnte ich noch lange nicht, die Eule machte immer noch große Augen.

Ballade vom Koboldspuk

Der Bauer schläft im Hirsekraut;
wer fährt dem Bauer sein Heu nach Haus?
Der rote Mond guckt übern Strauch;
der Bauer schläft und wacht nicht auf.

Wer fährt dem Bauer sein Heu nach Haus?
Aus ihrem Loche lugt die Maus,
der Fuchs schleicht sacht aus seinem Bau;
der Bauer träumt und wacht nicht auf.

Der Mond steigt hell und hoch herauf,
der Marder schleicht durchs fahle Laub,
und Eulen huschen, schwarz und grau;
der Bauer stöhnt, doch wacht nicht auf.

Husch, horch, wer trippelt und trappelt zu Hauf?
wer spannt die müden Gäule aus?
Die Gäule wissen den Weg nach Haus;
der Bauer schläft im Hirsekraut.

Wer kichert in des Wagens Bauch?
Wohin rollen die Räder ohne Ruck, ohne Laut?
Wer hält sie an am Garten, am Zaun?
Wer fuhr dem Bauer sein Heu nach Haus?

Der kommt verstört beim Morgengraun:
O Frau, mein Heu! o Frau, mein Traum.
Die Frau führt lachend ihn zum Zaun,
da zupft die Ziege vom Wagen das Kraut.

Schlaf andermal nicht und sei nicht faul,
wenn der Vollmond steigt übern Berg herauf;
die *Kobolde* fuhren dein Heu nach Haus,
jetzt geh und leg ihnen Speck und Kraut!

Vom Wacholdernestchen

Sonntag Mittag habe ich das Wacholdermännchen gesehen; unten im Wacholderbusch rappelte was, und wie ich nachsah, war es das Wacholdermännchen. Es sah ganz aus wie ein kleiner Junge, blos daß es keine Hände, sondern Vogelkrallen hatte und einen richtigen Papageienschnabel.

Es sah sehr lustig aus, und ich lachte und freute mich.

Was machst du denn da? fragte ich.

Ich pflücke Beeren zum Wacholderschnaps, sagte der Kleine; der schmeckt gut, willst du mal kosten? Und er nahm eine Flasche aus seinem Röckchen und gab sie mir. Ich kostete, und es schmeckte sehr gut. Plötzlich mußte ich aber niesen und die Augen zumachen, weil mir ein bißchen schwumelig wurde.

Als ich wieder hinsah, war das Wacholdermännchen weg. An der Erde saß ein hellgrüner Laubfrosch, der patschte sich mit seiner linken Hand auf seinen weißen Bauch und spielte mit der rechten die Mundharmonika. Neben ihm hockte eine kleine braune Schnecke, die hatte die Fühler rausgesteckt und hörte andächtig zu.

Wo ist das Wacholdermännchen hingekommen? fragte ich; ihr müßt es doch gesehen haben. Der Frosch glotzte mich dumm an, sagte blos quack und spielte weiter. Die Schnecke aber hatte Angst und kroch in ihr Häuschen.

Da hörte ich von drüben was lachen – drüben steht nämlich noch ein Wacholderbusch; und wie ich hingehe, sitzt der Kleine schon oben auf der Spitze und baumelt mit den Beinen. O, sagte ich, ausrücken gilt nicht; wollen wir nicht zusammen spielen?

Da hopste er herunter, grade auf meinen Arm. Ich schrie laut, und er wollte sich totlachen. Ich hatte mich natürlich blos ein bißchen erschrocken und lachte nun mit. Paß mal auf, sagte er, ich will dir meine Wohnung zeigen; und er bog die Zweige sachte auseinander. Da war ein großes Nest mit drei ganz kleinen Wacholderkinderchen; die hatten auch Vogelkrallen und gelbe Papageienschnäbel, und das Wacholderweibchen fütterte sie mit kleinen Schnecken und Wacholderbeeren. Es sah allerliebst aus. Ich wollte gern hinfassen und mir eins von den niedlichen Jungen nehmen, aber das Wacholdermännchen sprang schnell von meinem Arm in den Busch und machte die Zweige dicht hinter sich zu; da konnte ich nichts mehr sehen von ihm und seiner possierlichen Familie.

Nachher wollte ich das Nest suchen, aber der Wacholder piekte mich in die Hände, das tat weh. Er hat gewiß nicht leiden wollen, daß ich sein Völkchen störe. Da hielt ich blos das Ohr hin und hörte still zu, wie es drin flüsterte und kicherte.

Vom Gutseinwollen

In der Religionsstunde sind wir jetzt fertig mit den zehn Geboten, und Vater hat mir alles schön erklärt. Zuletzt sagte er: Sei du nur immer recht gut und hilfbereit zu den Menschen, darüber freut sich der liebe Gott; und alles andre, was in seinen Geboten steht, kommt dann ganz von selbst.

Und nun habe ich mir vorgenommen, recht gut zu sein, und wollte gleich damit anfangen. Ich muß es aber noch nicht recht verstehen, denn es ging meistens verkehrt.

Zuerst wollte ich dem alten Steffens helfen; dem wird es nämlich schon recht schwer, die große Wasserkarre durch den Garten zu schieben. Er lachte mich aber aus und sagte: Geh lieber Murmeln spielen; Wasser karren ist keine Arbeit für so'n kleines Fräulein.

Da ging ich zu Line und fragte die, ob ich ihr helfen könne. Die war aber brummig, ich weiß nicht warum, und sagte: Geh lieber und räume deine Puppensachen auf; da oben liegt alles wie Kraut und Rüben.

Ich wollte aber doch so furchtbar gern gut sein und ging auf die Landstraße; vielleicht käme dort einer vorbei, dem ich helfen könnte. Ich setzte mich unter einen Baum und wartete. Ein paar Wagen mit Heu fuhren vorbei und einer mit Milchfässern, da konnte ich doch nicht helfen. Dann kam lange garnichts, und ich döste vor mich hin und mußte oft gähnen, denn es war heiß und langweilig.

Da sah ich einen kleinen Käfer auf dem Rücken liegen; der strampelte sehr und konnte nicht hochkommen. Ich drehte ihn vorsichtig um und freute mich, wie flink er davon kroch. Nun war ich schon ein bißchen gut gewesen, aber ich wollte doch gern viel mehr gut sein.

Endlich kam eine alte Frau mit einem großen Henkelkorb; dadrin waren viele Pakete, und ein Brot trug sie auch noch. Ich ging gleich zu ihr hin und sagte: Soll ich dir nicht das Brot oder den Korb tragen, alte Frau? du hast es gewiß schwer.

Aber nein, wie furchtbar laut fing die Frau da zu schimpfen an: Wer ist hier deine Alte, du rotznasiges Ding! Was hast du hier auf der Chaussee rumzulungern und die Leute zu überfallen! Dann ging sie weiter und schimpfte immer noch vor sich hin.

Ich war furchtbar erschrocken und weinte und lief nach Hause.

Ich habe aber Vater nichts erzählt, ich habe mich so sehr geschämt. Was wird blos der liebe Gott von mir denken, daß ich das Gutsein so falsch angefangen habe!

Ich ging still nach oben und räumte meine Puppensachen auf. Als alles hübsch ordentlich war, kam Line und machte die Betten. Siehst du, das ist nett von dir, daß du so schön Ordnung machst, sagte sie; und sie sah garnicht mehr brummig aus.

Von der katholischen Kapelle

Gestern bin ich allein in der katholischen Kapelle gewesen. Die Tür war blos angelehnt, da bin ich durchgeschlüpft. Es war so still drin, daß ich mich selber atmen hörte. Die Sonne schien fein durch die bunten Bildscheiben; es roch nach Staub und verwelkten Blumen, aber es war doch schön so allein.

Die Mutter Gottes hing da gemalt mit ihrem Jesuskind. Und ein rotes Lämpchen stand davor, und viele Leuchter mit weißen Kerzen; die brannten aber nicht.

Ich setzte mich auf die Stufen vor dem Altar und wartete. Ich war ein bißchen ängstlich und sah mich furchtsam um; ich dachte, der katholische liebe Gott wäre vielleicht böse auf mich, weil ich evangelisch bin, und würde mich hier wegjagen. Eine ganze Weile saß ich so und wartete; aber es passierte nichts.

Es war so still, daß ich die Fliegen summen hörte. Als ich mal nach oben guckte, sah ich an der Decke eine Schwalbe fliegen. Ich dachte: das ist gewiß eine heilige Schwalbe, daß der liebe Gott ihr erlaubt, hier herumzufliegen – und ich wurde auf einmal ganz froh und fühlte mich nicht mehr allein. Da kam die Schwalbe zu mir heruntergeflogen, aber nun war es keine Schwalbe mehr, sondern das Jesuskind in einem blauen ausgeschnittenen Kleidchen. Es sah mich freundlich an: Willst du mit spielen? Ich komme eben vom Himmel; guck, ich hab Sterne mitgebracht. Und es zog eine Handvoll Glitzersterne aus der Tasche. Wie ich aber hinfassen wollte, flogen die Sterne weg, durch die ganze Kirche, hoch, immer höher, und ich konnte sie nicht mehr langen.

Bist du immer noch ein Kind? fragte ich; du warst doch ein großer Mann und bist schon so lange tot?

Der Knabe lächelte und sagte: Für Kinder bin ich ein Kind, für die Großen bin ich der Meister, und für Gott bin ich Gott.

Während er das sagte, kamen alle Sterne wieder zu ihm hingeflogen, und er fing sie auf und steckte sie in die Tasche.

Du bist sehr klug und sehr gut, sagte ich; aber wollen wir nicht mit den Sternen spielen? Der Jesusknabe aber hob die Hand hoch, da war ein blaues Licht um uns her, und eine Orgel tönte leise –

und dann lauter – und dann wieder leise und wieder laut, so auf und ab, auf und ab – herrlich war es.

Und alle weißen Lichter fingen von selber an zu brennen, und das Bild der Jungfrau Maria leuchtete wie lebendig.

Als das schöne Lied ausgespielt hatte, faltete ich die Hände und sagte: Amen. Da küßte mich der Jesusknabe auf die Stirn; das fühlte sich süß an, und ich machte die Augen zu. Als ich sie aber aufmachte, war er wieder eine Schwalbe geworden, und ich sah noch grade, wie sie durch eine Mauerspalte in den blauen Himmel hineinflog.

Ich ging langsam nach Hause; mir war so froh. Am liebsten hätte ich den Bäumen unterwegs erzählt, wie schön fromm es in der Kirche war; und es ist doch eine katholische gewesen.

Marienlied

Maria herzt ihr Kindlein
und küßt sein rotes Mündlein;
sie weiß es nicht,
daß einst zu Golgatha
sein Kreuz wird aufgericht't.

Der Wind mit Blumendüften
tut des Kindes Härlein lüften;
nicht weiß der Wind,
daß einst zu Golgatha
unschuldig Blut verrinnt.

Sein Lämmlein kommt gesprungen,
spielt um den holden Jungen;
sieht nicht von fern,
daß man zu Golgatha
einst höhnt den lieben Herrn.

Ihr sorgend Mutterherzen
müßt es fein still verschmerzen;
ihr wißt es nicht,
wann eurem teuren Kindlein
sein Kreuz wird aufgericht't.

Vom Wassermann

Die Eltern und Onkel Joachim waren gestern in die Stadt gefahren, und ich war mit Line allein zu Haus.

Ich weiß, daß ich nicht rudern soll, wenn kein Großer dabei ist; aber die Luft war so schön warm, und ich wollte doch gern.

Dorkas lag noch an der Kette, obgleich es schon dunkel wurde; ich machte ihn los und ging mit ihm durch den Garten, ganz leise, damit Line es nicht merkte. Dorkas verstand das auch und war ganz artig.

Wir gingen den Weg zum See. Das Wasser war still, als ob es schliefe; die Bäume bewegten sich kein bißchen.

Ich sprach leise mit Dorkas, und wir kletterten beide still ins Boot. Bange war mir doch, als ich's vom Haken losmachte und die Ruder ins Wasser tauchte. Es war aber hübsch, wie silbrig die schwarzen Wellen dabei wurden.

Der Mond kam nun auch groß und rot hinter den Bäumen vor und guckte uns zornig an. Plötzlich mußte ich an den Wassermann denken, der vor vielen hundert Jahren hier im See verzaubert gewesen ist, lange, lange, weil er gegen den lieben Gott mit seiner Macht geprahlt hatte. Line hat mir neulich das Märchen erzählt, und nun fiel's mir wieder ein.

Der sündhafte Wassermann sollte so lange im Sumpf unten bleiben, bis ein junges schönes Mädchen ihn von selber küssen würde, hat Line gesagt. In der Vollmondnacht vor Ostern durfte er den häßlichen Kopf über das Wasser stecken. Er hatte viel Gold und Perlen im Grunde des Sees; das sollte das Mädchen alles haben, wenn es ihn küssen würde. Aber keine wollte es tun, denn er war häßlich mit seinem großen Froschgesicht; und viele hundert Jahre blieb er unerlöst.

Aber einmal war ein junges schönes Bauernmädchen unten im Dorf, das hatte einen Bräutigam, der war ebenso arm wie sie selber, da konnten sie sich nicht heiraten. Nun wollte das Mädchen ihren Hans mit den Perlen und dem Golde des Wassermannes überraschen und ruderte in der Ostermondnacht hinaus ans den See.

Bald sah sie auch den Kopf des Unholds, wie er von unten heraufglotzte. Sie beugte sich über ihr Boot, machte die Augen fest zu und küßte ihn auf den häßlichen breiten Mund. Da fühlte sie einen eiskalten Strom durch ihr Herz – und sah kaum noch, wie der Wassermann als großer Vogel durch die Luft davonflog und Gold und Perlen in ihren Kahn warf.

Erst am Morgen kam sie mit ihren Schätzen ins Dorf zurück. Aber die Leute, die ihr begegneten, entsetzten sich und kannten sie nicht wieder; denn ihr Mund war zu einem breiten Froschmaul geworden.

Ihr Bräutigam ging zu Schiff nach Amerika, und sie hat ihn nie wieder gesehn.

Sie ließ sich ein großes steinernes Haus bauen, die Ruinen am Birkenhang sind noch davon her, und lebte da mit ein paar grauen Katzen bis an ihr Ende. Sie ging nie aus, weil sie sich vor den Menschen schämte; nur in der Vollmondnacht vor Ostern wanderte sie klagend um den See und weinte um ihre verlorene Schönheit und ihr verlorenes Glück. Und so soll sie heute noch wandern . . .

An das traurige Märchen mußte ich denken; und mir war plötzlich, als wenn das Froschgesicht von dem häßlichen Wassermann aus dem See hochsah, und ich hatte große Angst. Ich faßte Dorkas um den Hals und legte mein Gesicht auf sein weiches Fell; dann ruderte ich zurück ans Ufer. Wir gingen gleich nach Hause, und ich setzte mich still hin lesen . . .

Als ich Mutti nachher gute Nacht wünschte, sagte ich ihr ins Ohr, daß ich doch allein auf dem See gerudert hatte, aber daß ich es nie wieder tun wollte.

Von dem Wassermann hab ich ihr aber nichts erzählt.

Ballade vom Traumkönig

Traumkönig geht durch bleiches Land,
rings grüßen ihn verstohlen
die braunen Nachtviolen;
Marlenchen geht an seiner Hand,
Marlenchen, jung Marlenchen.

Traumkönig geht an den Rosmarinstrauch,
da brennen die Lebenskerzen,
sie brennen mit roten Herzen;
Marlenchen fühlt ihren heißen Hauch,
Marlenchen, jung Marlenchen.

Traumkönig geht am See entlang,
die Wasserelfen singen
ein Lied von kühlen Dingen;
Marlenchen überkommt es bang,
Marlenchen, jung Marlenchen.

Traumkönig geht mit leisem Schritt
hinein in die weichen Wellen,
die silbern im Mond aufquellen;
Marlenchen geht in die Tiefe mit,
Marlenchen, jung Marlenchen.

Vom Mondmädchen

Endlich habe ich das Mondmädchen gesehen. Ich lag schon im Bett, als der Vollmond kam. Ich zog mich aber schnell wieder an und ging nach dem großen Stein. Es war hell draußen und sehr still, und die Wege waren weiß wie von Milch. Auf dem Stein saß etwas ganz Zartes und Leuchtendes; das war gewiß das Mondmädchen.

Sie blies aber nicht die Flöte, wie der alte Steffens mir erzählt hat, sondern sie spann. Ich sah, wie ihr Spinnrad sich drehte, und wie sie die weißen Fäden zog; ihr Kleid war wie lauter Schleier und wehte leise um sie her.

Immer mehr Fäden kamen aus ihren weißen Händen, immer mehr; alle Büsche und Bäume waren schon voll. Auf der Wiese lagen viele, und viele hingen in der Luft; ja, auch an meinen Kleidern saßen sie fest und flimmerten. Und das Mondmädchen sah so weiß aus, so schrecklich weiß . . . Mir wurde plötzlich ganz kalt und schaurig, und ich drehte mich um und lief und lief . . .

Als ich zu Hause war, machte ich die Gardinen dicht zu. Ich wollte den Mond nicht sehen, und das weiße, stille, weiße Mädchen . . .

Lied vom Monde

Wind, Wind, sause,
der Mond ist nicht zu Hause,
ist wohl hinter den Berg gegangen,
will vielleicht eine Sternschnuppe fangen,
Wind, Wind, sause.

Stern, Stern, scheine,
der Mond, der ist noch kleine,
er hat die Sichel in der Hand,
er mäht das Gras am Himmelsrand,
Stern, Stern, scheine.

Singe, Vogel, singe,
der Mond ist guter Dinge,
er steckt den halben Taler raus,
das sieht blank und lustig aus,
singe, Vogel, singe.

Und hell wirds, immer heller,
der Mond hat einen Teller
mit allerfeinstem Silbersand,
den streut er über Meer und Land,
und hell wirds, immer heller.

Vom lieben Gott und vom Lügen

Ich glaube, ich habe heute den lieben Gott gesehen. Vater meint zwar, Gott ist ein Geist, und man kann ihn blos fühlen; aber ich glaube, ich habe ihn doch gesehen.

Er saß in einer sehr roten Wolke, grade über dem Birkenwäldchen. Um ihn her flogen lauter rosa Wölkchen, die sahen alle wie kleine Engelchen aus.

Der liebe Gott hatte einen Bart, der flackerte wie Feuer, und sein Kleid loderte auch.

Er sah mich streng an, und ich fürchtete mich, weil ich gestern wieder gelogen hatte. Er drohte mir mit dem feurigen Schwert, grade wie der Erzengel Michael in unsrer großen Bibel mit den Amethystschlössern, und es grollte am Himmel, als wenn's donnerte.

Ich faltete schnell meine Hände und sagte: Vater unser, der du bist im Himmel. Da nickte mir der liebe Gott mit seinem schönen feurigen Bart zu und ritt auf der roten Wolke weiter bis fast an die Sonne. Die kleinen Wolken um ihn herum wurden nun immer roter und roter, und die Engelchen ritten darauf wie auf Schaukelpferdchen und lachten mir zu.

Plötzlich saß der liebe Gott mitten drin in der Sonne, aber ohne das schreckliche Schwert, und hatte ein Gesicht so schön und lieb wie Mutter, wenn sie wieder gut ist. Nun war er mir gewiß auch wieder gut.

Und aus ihm heraus kamen große Strahlen, die reichten über die ganze Welt.

Da faltete ich wieder die Hände und sagte: Geheiligt werde dein Name, zu uns komme dein Reich. Und die Engelskinder in den Wolken sangen leise Hallelujah, und ich sang im stillen mit.

Mir war ganz selig, und ich will auch gewiß nicht mehr lügen.

Von der Wetterhexe

Huh, die Wetterhexe! Ich habe sie eben getroffen. Sie saß unter der großen Esche unten am See. Ihre roten Haare wehten um ihren dünnen Leib, ihr graues Kleid war zerfetzt und flatterte. Sie schüttelte wie toll an der alten Esche; die stöhnte wie Vater Steffens, wenn er Holz lädt. Auf ihrem Kopf saß der Uhu und machte große Augen.

Ich lief davon und hörte noch, wie sie heulte – hu huh. Der See war dick und faul. Kein Vogel flog und kein Schmetterling; blos ein Frosch saß auf dem Wege und glotzte mich dumm an. Meine schönen blauen Glockenblumen waren griesegrau, und vom Himmel war nichts zu sehen.

Ich patschte durch den Schmutz und ging ins Badehäuschen. An den roten Glasscheiben liefen die Regentropfen runter; die sahen auch rot aus.

Huh, da kam die Wetterhexe wieder angefegt: Mit ihren dicken Holzschuhen klapperte sie auf dem Dache, mit ihrer blitzblanken Zange fuhr sie durch die Luft; alle Bäume schrieen vor Schreck, es war ein furchtbares Getöse.

Singine, Singine, rief da Vater. Und es war gut daß er kam, denn ich fing an, mich zu fürchten.

Vom Henkeltöpfchen

Von meiner Großmutter habe ich ein kleines Henkeltöpfchen bekommen, das habe ich sehr lieb. Es ist gewiß närrisch, wenn ein großes Mädchen von elf Jahren so'was sagt, aber ich habe mein Henkeltöpfchen wirklich lieb.

Es sind ein Mann und eine Frau drauf gemalt, die fassen sich an den Händen und tanzen.

Und wenn ich allein bin und die Sonne untergegangen ist, kommen sie herunter von dem Henkeltöpfchen und tanzen auf der blanken Kommode.

Der kleine Mann pfeift, und die kleine Frau singt. Hei, wie ihre Röckchen fliegen, und wie ihre Hände und Füße sich drehen! Manchmal stoßen sie ihre Köpfe zusammen, manchmal küssen sie sich auch.

Wenn sie sich küssen, kommen die Narzissen oben vom Rande des Töpfchens runtergesprungen. Sie machen eine feine Verbeugung und tanzen um den kleinen Mann und die kleine Frau. Der Vogel auf dem Henkel fängt an zu singen, und zuletzt wackelt das leere Henkeltöpfchen auch mit und dreht sich mit hellem Geklapper auf der Kommode herum.

Das können aber die beiden kleinen Tänzer nicht leiden. Wupp! sind sie wieder blos gemalt, und die Narzissen und der Vogel auch.

Ich weiß ja, daß ich das alles blos träume; aber es ist hübsch so, und ich habe mein altes Henkeltöpfchen sehr lieb.

Von der Weihnachtsfee

Ich bin aus einem hellen Lande;
da wächst und blüht ein Baum, um den
wir all in strahlendem Gewande
mit silberweißen Flügeln stehn.

Der Baum ist grün, grün ohne Ende,
und seine Höhe mißt kein Sinn;
und seine Zweige sind wie Hände,
die strecken sich nach Jedem hin.

Der Baum trägt viele tausend Kerzen,
und jede ist den andern gleich;
und ihre Flammen sind wie Herzen,
die leuchten klar und warm und weich.

Er hängt voll Gold bis an die Spitze,
und seine Jahre zählt kein Mund;
und seine Wurzeln sind wie Blitze,
die dringen in den härtesten Grund.

O komm, komm! Tausend Früchte warten,
dein goldner Apfel pflückt sich leicht;
denn Jedem öffnet sich der Garten,
wer sinnt, wie man den Baum erreicht.

Kommt, seht ihn schimmern! Heut aufs neue
erfüllt sich, was die Schrift verhieß:
Einst pflanzte, daß der Mensch sich freue,
Gott einen Baum im Paradies.

Dieses Gedicht habe ich am Heiligen Abend aufgesagt. Es ist von dem Dichter Richard Dehmel; der hat noch 'ne ganze Masse solcher schönen Gedichte gemacht.

Mutter hat mir ein langes weißes Kleid angezogen und mir einen silbernen Gürtel umgebunden. Über den Kopf bekam ich einen feinen Schleier mit einem Kranz von Christrosen; die haben wir beide, Line und ich, aus Rauschgold und Blattsilber ausgeschnitten. Onkel Joachim hat mir noch ein paar weiße Flügel aus Berlin mitgebracht; nun sah ich ganz aus wie eine richtige Christfee.

Als der Baum angesteckt war, durfte ich das Lied aufsagen. Vater hat mich nachher geküßt und hat gesagt: das war schön, Singine. Und Line und der alte Steffens haben ganz andächtig dagestanden und mich so fromm angekuckt, als wäre ich wirklich das heilige Christkind.

Und in der Nacht, als alles schlief, habe ich mir meine Flügel wieder angemacht und bin in den Himmel geflogen. Da habe ich zugesehen, wie die Engelchen viele Sterne blank putzten und sie an den großen Weihnachtsbaum mitten im Himmel hängten. Und die Jungfrau Maria hatte das Jesuskind auf dem Arm und legte grüne Tannenzweige rings um einen langen Tisch, die strahlten wie lauter Edelsteine. Und alle Engel sangen schöne Lieder; die konnte ich aber nicht verstehen, die waren gewiß in der Himmelsprache gesungen.

Die kleinsten Engel spielten mit goldnen Bällen; manchmal rollte ihnen einer weg und über die Wolken. Da sagten sie: Wenn er auf die Erde fällt, wird er eine Sternschnuppe; die Menschen können sie aber nicht fangen, denn die Bälle sind aus Sonnenstrahlen gemacht und zergehen in der Luft.

Der liebe Gott nahm mich auf den Schoß und sah so gut und freundlich aus wie vorhin Vater, als er sagte: das war schön, Singine. Er gab mir einen Kuß und sprach: Werde auch so schön und sanft wie die Christfee! Er und die Engelchen hatten nämlich das Gedicht bis in den Himmel gehört; und das geschieht immer, wenn etwas recht von Herzen kommt, sagte der liebe Gott.

Nachher nahm mich ein Engel auf den Arm und brachte mich einszweidrei wieder in mein Bett. Da träumte mir noch lauter Schönes vom Himmel und von den himmlischen Heerschaaren.

Vom Schneemann

Am zweiten Weihnachtsfeiertag waren Erich und Marie wieder da. Wir aßen Nüsse und Pfefferkuchen und spielten mit meinem neuen Lebensrad. Wenn man das dreht, werden die Bilder drin lebendig. Ein Clown schlägt Purzelbäume, ein Pudel springt durch den Reifen, ein Junge klettert auf einen Berg und wieder runter, und noch viel andres ist drin zu sehen; es ist ein lustiges Spielzeug.

Nachher haben wir einen Schneemann gemacht. Erst ein paar dicke Beine und einen Bauch, dann Hals und Arme und zuletzt den Kopf. Vater schenkte uns einen alten Kragen und einen Schlips; damit putzten wir unsern Schneemann fein aus. Der alte Steffens holte uns noch einen schwarzen Hut und eine Tabakspfeife, das konnten wir gut gebrauchen. Die Augen machten wir aus Kohle, und Mund und Nase aus Mohrrüben. Der Kerl sah ganz famos aus; wir nannten ihn den weißen Peter und tanzten um ihn herum. Zuletzt machte Erich ihm noch eine lange Perücke und einen Bart aus schwarzem Papier, da sah er wirklich beinah aus wie ein Mensch.

Bald nach dem Kaffee ließ Vater den Schlitten anspannen, und wir brachten Fröhlichs nach Hause. Hei, das ging schnell, viel schneller als im Wagen. Und der weiße Wald glitzerte, und die Abendsonne stand wie eine rote Kugel am Himmel. Wir waren eine Weile ganz still vor Freude; man hörte blos die Schlittenglöckchen bimmeln. Als wir nach Hause kamen, war es schon dunkel; ich aß schnell mein Butterbrot und ging zu Bett.

Kaum war ich eingeschlafen, hörte ich unten was pfeifen.

Nanu, dachte ich, was ist denn los? und sprang aus dem Bette. Draußen schien der Mond, und ich sah ganz deutlich, wie der weiße Peter unten im Hof auf und ab ging. Ich machte das Fenster auf: Willst du wohl still stehn, alter Junge! Schneemänner gehn doch nicht spazieren!

Ach, sagte der, ich kann mir doch auch mal die Füße vertreten, sie sind mir eklig kalt geworden; übrigens könnte man auch mal Schlitten fahren, das habe ich lange nicht mehr getan. Und da zog er auch schon den Schlitten aus dem Schuppen. Willst du mit? rief er heraus.

Natürlich wollte ich. Ich zog mir Vaterns großen Pelz an und ging hinunter. Richtig, da saß unser Schneemann auf dem Bock; vier große weiße Pudel waren vor den Schlitten gespannt. Eingestiegen und los! Hei, wie wir flogen! Ich konnte kaum um mich sehen, so schnell gings.

Wo fahren wir denn hin, Peter? fragte ich. In den weißen Garten, sagte der Schneemann; und schon waren wir da.

Mitten im Walde blühten Hunderte von weißen Blumen, große und kleine. Ihre Blätter waren weiß, und das Gras war weiß, und alle Käferchen und Schmetterlinge waren weiß; sogar der Mond, der hoch oben stand, sah ganz weiß aus. Es war eigentlich ein bißchen gruselig, als wir ausstiegen und in dem weißen Garten umhergingen.

Peter, sagte ich, wir wollen wieder nach Hause; hier ist es mir zu weiß und zu still, und mich friert.

Aber die weißen Pudel waren mit dem Schlitten weggefahren, und der Schneemann nahm mich auf den Arm. Da wurde er immer größer und höher; wie ein Berg wurde er, und ich wuchs mit, beinah bis in den Himmel.

Und da kam auch schon das Luftschiff angefahren; rasch hinein in die Gondel, und nun wie der Wind nach Hause. Heidi, das ging ja noch schneller als wie im Schlitten! Aber der weiße Peter machte sich so furchtbar dick im Luftschiff; ich hatte auf einmal gar keinen Platz mehr, und plötzlich fiel ich – fiel ich – und bums! lag ich in meinem weichen Bett und wachte auf.

Verwundert guckte ich mich um. Es war Mondschein. Hatte ich denn das alles blos wieder geträumt? –

Von den Masern und der Königsfamilie

Vorige Woche bekam ich die Masern, aber es tat nicht weh. Blos Durst hatte ich immerzu. Ich lag im Bett und brauchte garnichts lernen. Dann kam Tante Kätchen aus Berlin und brachte mir einen wunderschönen Bilderbogen zum Ausschneiden: ein König und eine Königin waren dadrauf gemalt, und ein Prinz und eine kleine Prinzessin. Ich schnitt sie alle mit Mutters Stickschere aus, und es machte mir viel Spaß.

Der König hatte eine gestickte Uniform an mit viel Gold darauf; und die Königin ein ausgeschnittenes, sehr feines Kleid mit einer langen Schleppe, die trug ein Hoffräulein hinter ihr her. Für den Prinzen war ein weißes Pferdchen zum Reiten da, das hatte eine rote Schabracke an und Goldfransen in der Mähne; und die Prinzessin bekam einen weiß lackierten kleinen Wagen mit einem Eselchen davor.

Es war alles sehr niedlich, und Taute Kätchen half mir die schweren Sachen ausschneiden, wie zum Beispiel die Krone von dem König und den Spitzenfächer der Königin. Sie zeigte mir auch, wie ich die Puppen in die Holzklötzchen stecken muß, damit sie stehen können.

Da war auch eine Gouvernante und ein Lakai auf dem Bilderbogen; meine Finger taten mir ordentlich weh von all dem Ausschneiden, aber das schadet nichts, ich habe mich sehr mit den Puppen gefreut. Onkel Joachim sagte zwar, solche Königsfamilien gibts blos im Märchen; aber drum gefallen sie mir erst recht. Alle Tage habe ich mit ihnen gespielt. Der Prinz heißt Edgar und die Prinzessin Sylphe; der Lakai Jean und die Gouvernante Miß Piepenbrink.

Der König und die Königin saßen immer auf meinem Kopfkissen, das war der Thron, und regierten ihr Land; und Miß Piepenbrink gab den Kindern Stunde. Wenn sie nichts wußten – das kam manchmal vor –, tippte sie ihnen mit dem Lineal auf die Finger; mehr Strafe dürfen doch ein Prinz und eine Prinzessin nicht bekommen. Nachher durften sie auf der großen Wiese hinter dem Schlosse ausfahren und ausreiten und mußten alle Leute grüßen, die vorübergingen; so machen es die vornehmen Leute immer.

Jetzt sind die Masern wieder gut, und ich bin auf und bin angezogen, aber aus der Stube darf ich noch nicht; erst nächsten Sonntag, hat der Doktor gesagt.

Vom Pudel und der alten Margret

Der Pudel ist die Nacht wieder da gewesen, der große schwarze Pudel mit den roten Augen. Er saß auf meiner Bettdecke und glotzte mich an. Ich traute mich garnicht, die Augen aufzumachen, und wollte beten; mir fiel aber kein Anfang ein, so sehr fürchtete ich mich.

Da setzte der schreckliche Pudel die Pfote auf meine Brust, und ich schrie laut auf. Mutti hörte es und machte Licht; da war der Pudel gleich weg, und Mutti nahm mich in ihr Bett und küßte mich und sagte, ich hätte blos schlecht geträumt.

Ich kenne aber den Pudel, er ist schon öfter dagewesen und hat mich so sehr angesehen.

Heut Abend will ich zur alten Margret gehen und ihr Brot und Äpfel bringen. Die weiß viele heilige Sprüche und Hausmittel; die wird mir schon sagen, wie ich den bösen Hund wegbringe. Mutter und Vater glauben nicht an so'was; sie sagen, ich habe Albdrücken und soll abends keine Äpfel essen.

Bei der alten Margret ists schön heimlich. Immer hat sie Garn zu wickeln; das muß ich ihr halten, wenn sie erzählt. Viele schöne Geschichten weiß sie: von dem Kobold Fixfax und dem Himmelsprinzeßchen, von der Taube Turtli und dem Mondmädchen Mirlamein und noch viele andere.

Auf der Sofalehne sitzt ihr schwarzer Kater Willibald und macht grüne Augen; die große bunte Holzuhr tickt dazu.

Manchmal darf ich in der alten geschnitzten Truhe kramen und das geblümte grüne Seidenkleid rausnehmen, das der alten Margret ihr Brautkleid gewesen ist; und alle die Holzschachteln mit den gemalten Rosen drauf darf ich aufmachen, und alle die bunten Bänder, Spitzen und Perlketten darf ich auspacken und darf mich damit putzen.

Dann spiele ich Prinzessin oder Fee, und die alte Margret ist die Schäfertochter oder das Gänseliesel und darf sich was wünschen. Dann hebe ich mein Zauberstöckchen hoch und hexe ihr das Gewünschte irgendwohin. Das ist ein hübsches Spiel, und man kann sich immer was Neues dabei ausdenken. Zuletzt packe ich alles wieder schön ein und schließe die Truhe zu, mit dem großen zackigen Schlüssel.

Aber ein Zauberkraut für den Pudel will ich mir doch lieber nicht
von ihr geben lassen. Vater sagt, ich brauche den häßlichen Hund
blos ordentlich anpacken, dann geht er von selber weg und kommt
nicht wieder.

Vom Geburtstag und dem Schatzhäusermännlein

Gestern hatte ich Geburtstag; elf rote Lichterchen brannten um ein großes weißes herum, es war ganz feierlich. Line hat mir einen schönen Kuchen gebacken mit Schokoladenstreifen drin; den esse ich am liebsten. Ein niedliches grün-und-weißgestreiftes Kleid habe ich auch bekommen und zwei Bücher: Hauff's Märchen und Grube's Geschichtsbilder.

Nach dem Kaffee durfte ich drin lesen. Das Märchen »Das kalte Herz« – von dem Peter und dem Schatzhäusermännlein – ist sehr schön. Und weil ich doch auch ein Sonntagskind bin, habe ich mich gleich mit dem Schatzhäusermännlein angefreundet, und er hat mich mit in seinen Tannenwald genommen. Da war es ganz still. Hohe dunkle Tannenbäume standen da und rauschten leise; sie haben gewiß auch ihre Sprache, wir verstehen sie bloß nicht. Unten wuchsen lauter Farnkräuter; die waren fast so hoch wie das Männlein und ich.

Er hatte ein braunes Kittelchen an und Sandalen und faßte mich an der Hand und ging mit mir einen schmalen Weg entlang. Ein großer Hirschkäfer kam gerade auf uns zugelaufen; er humpelte sehr, er hatte sich ein Beinchen gebrochen. Das Männlein nahm gleich Salbe aus der Tasche und bestrich die Wunde damit; da konnte das Tierchen wieder ordentlich laufen, das war doch nett.

Bist du müde, Singine? fragte der Schatzhäuser. Ja, ein bißchen, sagte ich. Da pfiff das Männlein auf zwei Fingern, wie die Dorfjungens bei uns zu Hause, und gleich kam ein weißer Hirsch angelaufen mit einer schönen roten Schabracke und vielen silbernen Klingeln dran. Eigentlich gehört er der Elfenkönigin, sagte der Schatzhäuser; aber wir sind sehr befreundet, da borgt sie mir ihren Springfuß manchmal, wenn ich Sonntagskinderbesuch habe. Und er half mir auf den Hirsch klettern.

Hei, das war ein feines Spazierenreiten! Um das Geweih hing eine goldne Kette, daran konnte ich mich festhalten; und die Glöckchen machten eine feine Musik dazu. Bergauf und bergab ging es, ein ganzes Stück in den Wald hinein.

Der Schatzhäuser hatte ein Säckchen auf der Schulter, mit allerlei Gutem drin für die Tiere; wilde Kaninchen und Wiesel, Marder und

Eichhörnchen, alle kamen zutraulich zu uns hergelaufen und holten sich einen Leckerbissen oder ließen sich von dem guten Männlein kurieren.

Nun wollen wir frühstücken, sagte der; und ich rutschte von dem Hirsch herunter und setzte mich neben ihn auf eine lange Baumwurzel, die war grad so wie eine Bank. Springfuß aber schüttelte seine Glöckchen und lief in den Wald zu seiner Königin zurück.

Nun pfiff das Männlein wieder, aber viel leiser und feiner als das erste Mal. Gleich kamen viele Blumenkinderchen über die Wiese hergegangen: blaue Glocken und Anemonen, Ehrenpreis und Tausendschönchen, Wicken und Winden. Sie trugen in den Händchen Blattkörbe mit reifen Beeren; das leuchtete und duftete nur so. Sie sangen ein leises Waldliedchen und stellten die Körbchen dem Männlein und mir auf den Schoß. Himbeeren und Erdbeeren, Blaubeeren und Brombeeren waren darin; so schöne hatte ich noch nie gegessen.

Jetzt kommt mein Geburtstagsgeschenk, sagte der Schatzhäuser und klatschte in die Hände. Da fingen die Blumenkinderchen an zu tanzen, im Kreise und zu zweien, links herum und rechts herum; sie hoben im Takt ihre Röckchen und neigten sich und knixten und führten einen allerliebsten Tanz auf. Die andern Blumen standen still hinter ihnen und sangen ein feines Tanzlied; wie schön war das alles! Das ist ein liebes Geburtstagsgeschenk, sagte ich; ich danke dir, gutes Männlein.

Nun will ich dir aber meine Waldschule zeigen, sagte der Schatzhäuser. Eine Schule? fragte ich; was willst du denn hier mitten im Walde mit einer Schule?

Das sollst du gleich sehn, kleine Neugier! lachte das Männlein und schloß die Tür zu einem niedlichen Borkenhäuschen auf. Das stand mitten auf einer großen Wiese, und ein paar Häschen sprangen drauf herum und schlugen Purzelbäume.

Hier ist zuerst meine Webeklasse, sagte der Schatzhäuser und winkte mir in das erste Zimmer. Viele kleine Spinnen hockten da in den Ecken und mühten sich ab, Netze zu weben, große Netze und kleine Netze, dicke und dünne; ganz verschieden sahen die aus. Eine große Kreuzspinne war die Lehrerin; und wenn es die Kleinen nicht gleich richtig machten, mußten sie wieder von vorn anfangen. Das machte mir viel Spaß, und ich sah eine ganze Weile zu.

Das kuckst du ihnen doch nicht ab, lachte der Schatzhäuser; komm nur weiter.

In der nächsten Stube war großes Gepiepse und Gelärme. Wohl hundert kleine Singvögel flogen da herum oder saßen auf Stangen. Alle konnten sie noch nicht ordentlich singen und lernten nun bei einer alten Amsel; die übte ganz geduldig Lieder mit ihnen ein, allein und im Chor. Das war zu lustig; am liebsten hätte ich auch mitgepfiffen.

Aber lernen die Vögelchen und die Spinnchen das alles nicht viel besser bei ihren Eltern? fragte ich das Männlein.

Natürlich, sagte der. Aber es sind auch bei den Tieren recht unbegabte Kinder; die kommen mit ihren Geschwistern nicht mit. Auch gibt es immer welche, die haben ihre Eltern zu früh verloren; die lasse ich hier alles schön lernen. Nester bauen gehört auch zum Unterricht; das ist sehr wichtig, wie du dir denken kannst. Und nun kuck mal hier!

Wir kamen in eine große Stube, da kribbelte es von jungen Häschen und Kitzchen und Hirschkälbchen. Das sind auch alles kleine Waisenkinder, sagte das Männlein; und er gab mir ein Milchfläschchen in die Hand. Gleich kamen die Tierchen angelaufen, und jedes wollte gern trinken. Ich suchte mir ein niedliches kleines Kitzchen aus und freute mich, wie es sog und schluckte. Die andern Tierchen brauchten auch nicht blos zusehn, sie bekamen Milch und Salatblätter, Kräuter oder feines Gras; alle schnupperten und drängten sich um das gute Männlein.

So, nun habt ihr genug, sagte der und schloß eine Nebentür auf; da lagen ein paar winzig kleine Füchslein auf Stroh und blinzelten uns klug an. Das ist 'ne wilde junge Gesellschaft, lachte der Schatzhäuser, darum haben sie ihr apartes Zimmer; manchmal habe ich auch Luchschen, Marder und Wieselkinder hier, grade wie's kommt. Und er nahm etwas Fleisch aus einem Spinde und verteilte es unter die Tierkinder, die lustig danach schnappten.

Ach Schatzhäuser, sagte ich, ich möchte wohl länger bei dir bleiben und mit deinen lieben Tieren und den Blumenkindern spielen und dir helfen und ihnen Futter geben; es ist alles so lieb hier.

Da wurde das Männlein ganz ernst und sagte: Nein, hier kann ich keine Menschen gebrauchen, die würden mich blos stören; nur manchmal laß ich ein Sonntagskind, wie du eins bist, ein bißchen hereinkucken. Aber wenn du mir helfen willst, kannst du das doch tun. Du brauchst blos immer gut und sorglich mit den Waldtieren umgehn und den Vögeln im Winter Futter streun, dann wird der Schatzhäuser immer gern an dich denken. Und dabei legte er seine Hand auf meinen Kopf – und ich saß wieder auf meinem Stuhl in der Geburtstagsstube und hatte das Märchenbuch auf dem Schoß.

Vom Geist der Fruchtbarkeit und des Gedeihens

Unsere Kuh Bleß hat ein Kälbchen bekommen. In der Nacht habe ich sie brüllen gehört, und als ich heut Morgen auf den Hof kam, winkte mir Line in den Stall. Da kniete ein mageres kleines Kälbchen, und die Kuh leckte es.

Wo ist das Kälbchen hergekommen? fragte ich. Line lachte und sagte, das ginge mich nichts an. Da lief ich zum alten Steffens und fragte den. Der sagte: Du weißt doch, wie die Hühner Eier legen: nun, grade so legen die Kühe gleich die lebendigen Kälbchen.

Steffens, sagte ich, werden die kleinen Kinder auch gelegt? – I, du dummes Gör, rief er; du weißt doch, daß die der Storch bringt, und so unnütze wie dich bringt die wilde Katze.

Ich wußte aber, daß der alte Steffens gelogen hatte, denn bei uns gibts gar keine Störche, und immer kommen kleine Kinder; und da lief ich zu meinem Vater.

Der saß in der Laube beim Kaffeetrinken. Vati, bitte, sag mir: wo kommen die kleinen Kinder her?!

Da hat mich Vater ernst angesehen und mir dann ein sehr schönes Märchen erzählt; und ich habe ihn nun noch viel lieber und Mutter auch. Und das Märchen weiß ich ganz und gar auswendig:

Tief im Schoße der Väter wohnt seit ewigen Zeiten der Geist der Fruchtbarkeit, und tief im Schoße der Mütter der Geist des Gedeihens. Und wenn Vater und Mutter sich von Herzen lieb haben und sich innig umfangen, bildet der Geist der Fruchtbarkeit aus dem Blute des Vaters einen winzigen Lebenskeim und gibt dem Vater die beseeligende Kraft, ihn in den Schoß der Mutter hineinzusenken. Das nennen wir die Zeugung, Singine.

Und der kleine Keim gleitet tief in den Mutterschoß, wie ein Samenkorn in die Erde; so tief, daß weder Luft noch Licht ihn berührt. Aber der Geist des Gedeihens ersetzt ihm die Sonne; voller Liebe empfängt er ihn, pflegt und hegt ihn unter dem Herzen der Mutter und nährt ihn im Dunkeln von ihrem Blut.

So wächst der Keim wie die Blume im Erdreich, schwillt und sprießt im Mutterleib und wird langsam ein kleiner Mensch. Und an dem Tage, wo er die Augen aufschlagen will, um endlich doch die Sonne zu sehen, drängt ihn plötzlich der Geist des Gedeihens aus der engen Pforte des Mutterleibes hinaus in die Welt. Das macht der Mutter schweren Schmerz; aber sie freut sich so auf ihr Kindchen, daß sie willig die Schmerzen duldet.

An dem Tage sagen wir: Es ist ein Mensch geboren, Singine. Kannst du dies wahre Märchen wohl schon begreifen? –

Ich gab meinem Vater still einen Kuß und mußte die Augen schließen und Hände falten; mir war so heilig wie bei der Weihnachtsfeier. Nun weiß ich doch, daß ich ein Stückchen von Vater und ein Stückchen von Mutter bin, und hab sie nun noch viel lieber als je.

Ich ging auch gleich zu Mutter hinein, und als ich ihr das Märchen erzählte, hat sie mich auf den Schoß genommen und mich geküßt wie früher, als ich noch klein war.

Lied von Marieken und den Küken

Marie, Marei, Marieken
mit deinen sieben Küken,
was willst du tun?

»Die alte Kluckenmutter ist tot,
nun frieren die Kinder und finden kein Brot;
ich will sie pflegen.«

Marie, Marei, Marieken
mit deinen sieben Küken,
was hast du im Sack?

»Kartoffelmus und Hirsekern,
das essen meine Kinderchen gern,
das streu ich ihnen.«

Marie, Marei, Marieken,
gib mir eins von deinen Küken,
du hast noch genug.

»Wenn ich meine Kinder verschenken tät,
müßt ich weinen von früh bis spät,
das sollst du wissen.«

Marie, Marei, Marieken,
zu Hühnern werden die Küken;
was machst du dann?

»Und werden hübsch bunt und werden groß,
fliegen mir alle um Kopf und Schoß,
hei, alle sieben!«

Von der gelben Blume

Line wollte Pfingstruten haben, um die Stube damit auszuputzen. Ich ging an den See welche schneiden; ich weiß, wo die jungen Birken stehn.

Da sah ich im Schilf eine große gelbe Blume wachsen; die wollte ich erst holen. Ich zog Schuhe und Strümpfe aus und ging ins Wasser. Als ich hinkam, war es aber keine Blume, sondern ein ganz kleines Mädchen in einem gelben Kleidchen; die hatte eine goldene Schürznadel und machte damit Netze aus dünnen Schilfstreifen. Ich sah zu, wie sie die Netze aufs Wasser warf; sie blinkten in der Sonne wie Gold.

Was tust du da? fragte ich. Das kleine Mädchen sah mich mit ihren hellen Augen an: Siehst du nicht die kleinen Wellen? Die wollen spielen, für die schürze ich die Netze; sieh, wie sie hüpfen! Und sie warf wieder ein goldenes Netz über den See.

Die Wasserkinderchen spielten damit in der Sonne und zogen das Flechtwerk hin und her. Wie das zuckte und flimmerte! Das ganze Wasser sah aus wie lebendig.

Jetzt nahm die Kleine ihre goldene Schürznadel hoch in beide Hände und lief blitz-blitz über die goldenen Netze weg. Die Wasserkinderchen kicherten und streckten ihre Fingerchen aus nach dem gelben Mädchen. Sie war aber flinker, und husch – war sie drüben; ich konnte sie nicht mehr sehen.

Als ich mich umdrehte, wuchs wieder die große gelbe Blume im Schilf, und ich wollte sie abpflücken. Sie stand aber da, als wenn sie träumte; da tat sie mir leid, und ich ließ sie stehen. Dann ging ich und schnitt Pfingstruten.

Zu Hause fragte mich Line: Ist das Birkenmännchen nicht böse geworden, daß du seinen Töchtern die Haare abgeschnitten hast? Ich hatte aber kein Birkenmännchen gesehen.

Von der Geographiestunde und dem bösen Hagen

Zuerst war es gestern schön in der Geographiestunde; denn wir sind auf der großen Landkarte den Rhein runtergefahren, Onkel Joachim und ich.

Es war eine richtige Reise.

Zu Anfang mußten wir an den hohen Ufern entlang klettern; oben in den Alpen sind die Flüsse noch viel zu wild, um Boot darauf zu fahren. Wir paßten auf, wie der kleine Rhein über die Steine sprang, und wie von allen Seiten die Bäche und Wasserfälle zu ihm hin liefen. Immer größer wurde er und immer wilder.

Nach einer Weile sahen wir den Bodensee unten liegen, da stiegen wir von den Bergen runter und setzten uns in Rorschach auf das Dampfboot. Natürlich blos so in Gedanken, denn wir fuhren ja auf der Landkarte.

Der Bodensee ist sehr groß, und der Rhein fließt mitten durch. Einen halben Tag mußten wir auf dem Schiff bleiben, bis wir wieder in den richtigen Strom kamen. Dann fuhren wir bis Schaffhausen, wo der berühmte Wasserfall ist. Da geht der Rhein einen ganzen Berg runter und braust und zischt wie tausend Waschkessel; das sieht wunderbar aus. Das Schiff geht natürlich nicht mit, das würde gewiß kaputt gehn. Wir mußten vorher aussteigen und ein ganzes Stück laufen, bis an die Stelle, wo der Rhein wieder ruhig fließt.

Später gings weiter nach Basel, wo der große Bildermaler Böcklin gewohnt hat, von dem das merkwürdige Bild in Muttis Stube hängt, mit der singenden Meerfrau.

Zuletzt kamen wir nach Worms, und nun fängt meine Geschichte erst richtig an.

Da erzählte mir Onkel nämlich von den Nibelungen und holte ein Buch aus dem Bücherschrank und las mir von Kriemhild und Siegfried vor, und wie lieb sich die gehabt haben; alles in Versen. Und wie gut der Siegfried gewesen ist; so hatte ich ihn garnicht gekannt, im Lesebuch steht er nicht so schön. Und da – da hat ihn der teuflische Hagen tot geschossen, von hinten, und ich wollte das nicht haben und wollte den Hagen auch tot schießen. Da lachte Onkel

Joachim und sagte: das ist schon lange her, Singine, und der Hagen hat auch Gründe gehabt so zu tun.

Ich schlug mit der Faust auf den Tisch und schrie: Du willst Mutters Bruder sein und sagst so'was? Da lachte er noch ärger, ganz abscheulich lachte er, und ich lief ihm weg; ganz hinten in den Garten rannte ich und warf mich hin und schluchzte und riß ganze Büschel Gras aus und zerriß Blumen und Blätter mit den Zähnen, immer mehr, immer mehr, und wollte dem Hagen was tun, und Onkel Joachim auch, weil er so gelacht hatte.

Ich hörte, wie Mutti zu Mittag rief; ich bockte aber und antwortete nicht. Dorkas fand mich aber doch und steckte seine kalte Schnauze in meine Hand. Da kam Vater, und ich stand auf; ich muß ein sehr rotes Gesicht gehabt haben von all dem Weinen.

Vater faßte mich um die Schulter und sagte: Singine, warum hast du all die Gräser und Blumen ausgerissen?

Ich war mit einem Mal erschrocken und still: O, Vating, ich war so sehr böse auf den schrecklichen Hagen. Und dabei mußte ich gleich wieder losheulen und konnte nicht weiter reden. Aber Vater sagte: Kind, der Hagen war ebenso zornig und wild, wie du jetzt bist; und ob man Blumen ausreißt oder Menschen, das ist der Mutter Natur ganz gleich.

Ich sah Vater verwundert an: Gras kann man doch wieder säen, aber den Siegfried, den kann man doch nicht wieder haben, der so gut war und so stark und allen Leuten glaubte. Und die Kriemhild hat ihn so sehr lieb gehabt, und das Gras hat doch Niemand sehr lieb.

Da strich mir Vater übers Haar – so tut er immer, wenn er was meint und es nicht sagen kann – und faßte mich an der Hand und wir gingen ins Haus, wo mir Mutti still die Suppe hinsetzte.

Und nun darf ich das ganze Buch lesen und soll dann sagen, ob ich froh bin, daß die Kriemhild sich nachher so furchtbar gerächt hat. Denn das hat mir Vater schon gesagt, daß sie später nicht blos den Hagen umgebracht hat, sondern noch viele Andere, die nichts dafür konnten.

Aber mit Onkel Joachim bin ich doch noch böse!

Lied von Sonne und Tod

Kribbel-Krabbel-Käfer
läuft hinab zum See;
er kommt vom grünen Hügel,
hell leuchten seine Flügel
im Sonnenschein.

Kommt der Fisch geschwommen,
sperrt das Fischmaul auf;
da ist in zwei Sekunden
der Käfer drin verschwunden
im Sonnenschein.

Überm See der Reiher
sieht, wie's Fischlein schnappt;
nimmt seinen spitzen Schnabel
und spießt es auf die Gabel
im Sonnenschein.

Wie nun stolz der Reiher
seine Kreise zieht
mit leuchtendem Gefieder,
knallt ihn der Jäger nieder
im Sonnenschein.

Vom Kriege

Und nun ist Krieg, großer Krieg. Unser Deutschland hat so furchtbar viel Feinde, die müssen wir nun alle totschießen; und Vater und Onkel Joachim wollen auch mithelfen. Eigentlich sollte man das doch nicht tun. Eigentlich lernt man doch immer: liebet eure Feinde! Aber ich habe das gewiß wieder nicht richtig verstanden; manchmal wird man sie wohl nicht lieben dürfen.

Ich will mir aber Mühe geben, keinem Menschen mehr böse zu sein. Ich habe Onkel Joachim auch abgebeten, daß ich neulich Schlimmes von ihm gedacht habe. Da hat er gelacht, und dann sagte er: Noch lange nicht das Schlimmste, mein Kind. Das verstehe ich nun wieder noch nicht.

Line heult jetzt schon den ganzen Tag, weil ihr Franz mitmuß; sie sagt, er ist in Straßburg ganz dicht bei den Franzosen, und wird gewiß gleich zuerst totgeschossen, sagt sie. Der alte Steffens läuft seit ein paar Tagen immer mit dem eisernen Kreuz rum; das hat er 1870 bei Gravelotte gekriegt und ist schrecklich stolz darauf. Sein Jüngster, der Johannes, hat gestern von ihm Abschied genommen; er steht bei den Husaren in Potsdam und muß morgen schon fort.

Fürs Vaterland muß jeder gern bluten, sagt der alte Steffens; ich habe aber doch Angst um Vater und Onkel Joachim. Mutter ist immer so still jetzt; sie singt und spielt garnicht mehr abends zur Gitarre, sondern räumt und packt und strickt wollne Strümpfe und Leibwärmer. Ich habe auch einen Pulswärmer angefangen, aber es geht sehr langsam damit.

Wenn Vater ins Feld muß, will Mutter auch nicht mit mir allein zu Hause bleiben; sie will Krankenschwester lernen, und ich soll zu Großmutter und Tante Kätchen nach Berlin und in eine richtige Schule kommen. Geschichten werde ich mir da wohl nicht mehr ausdenken. Wenn ich keinen Wald mehr habe und keinen See und keinen Dorkas, wird mir wohl nichts einfallen; und dann muß ich ja gewiß auch viele Briefe schreiben, und viele, viele Schulaufgaben machen, da ist dann alles ganz anders als hier.

Ein bißchen freue ich mich aber doch auf Berlin; ich war schon einmal da zu Weihnachten. Auf dem großen Potsdamer Platz fahren viele Autos und elektrische Bahnen, und abends leuchten ganz oben an den Häusern und Dächern blaue und rote und grüne Lichter; die leuchten und gehn wieder aus, und leuchten wieder auf und so immer fort. Wenn man genau hinsieht, sieht man Worte, lauter Namen von Sachen, die man kaufen soll; es ist lustig, das anzukucken.

Und viele feine Häuser gibt es in Berlin, und Plätze mit schönen Blumen, und große Schaufenster mit Spielzeug und Büchern und Kleidern; tausend Sachen sind drin, die kann man alle kaufen. Aber wer weiß, ob sie nicht zu teuer werden, wenn der Krieg lange dauert, sagt Mutti.

Und Tante Kätchen hat mir versprochen, ich komme auch mal in ein richtiges großes Theater, wo große Leute auf der Bühne Stücke aufführen; das muß herrlich sein. Und zu Weihnachten will sie mit mir in den Zirkus gehn, da gibt es kluge Pferde und Hunde und noch andre Tiere, die können allerlei Kunststücke; das wird mir Spaß machen, sagt Tante Kätchen.

Aber das Schönste wird doch sein, wenn die großen Ferien kommen; da fahren wir nämlich alle nach Hause zum alten Steffens und zu Line und Dorkas. Ob dann der böse Krieg schon aufgehört hat?

Abends bete ich jetzt immer: Lieber Gott, ich bitte dich sehr, laß den Krieg bald wieder aufhören, und mache, daß alle andern Völker uns wieder lieb haben! und wir sie auch! Amen.

Über tredition

Eigenes Buch veröffentlichen

tredition wurde 2006 in Hamburg gegründet und hat seither mehrere tausend Buchtitel veröffentlicht. Autoren veröffentlichen in wenigen leichten Schritten gedruckte Bücher, e-Books und audio-Books. tredition hat das Ziel, die beste und fairste Veröffentlichungsmöglichkeit für Autoren zu bieten.

tredition wurde mit der Erkenntnis gegründet, dass nur etwa jedes 200. bei Verlagen eingereichte Manuskript veröffentlicht wird. Dabei hat jedes Buch seinen Markt, also seine Leser. tredition sorgt dafür, dass für jedes Buch die Leserschaft auch erreicht wird.

Im einzigartigen Literatur-Netzwerk von tredition bieten zahlreiche Literatur-Partner (das sind Lektoren, Übersetzer, Hörbuchsprecher und Illustratoren) ihre Dienstleistung an, um Manuskripte zu verbessern oder die Vielfalt zu erhöhen. Autoren vereinbaren direkt mit den Literatur-Partnern die Konditionen ihrer Zusammenarbeit und partizipieren gemeinsam am Erfolg des Buches.

Das gesamte Verlagsprogramm von tredition ist bei allen stationären Buchhandlungen und Online-Buchhändlern wie z. B. Amazon erhältlich. e-Books stehen bei den führenden Online-Portalen (z. B. iBookstore von Apple oder Kindle von Amazon) zum Verkauf.

Einfach leicht ein Buch veröffentlichen: **www.tredition.de**

Eigene Buchreihe oder eigenen Verlag gründen

Seit 2009 bietet tredition sein Verlagskonzept auch als sogenanntes "White-Label" an. Das bedeutet, dass andere Unternehmen, Institutionen und Personen risikofrei und unkompliziert selbst zum Herausgeber von Büchern und Buchreihen unter eigener Marke werden können. tredition übernimmt dabei das komplette Herstellungs- und Distributionsrisiko.

Zahlreiche Zeitschriften-, Zeitungs- und Buchverlage, Universitäten, Forschungseinrichtungen u.v.m. nutzen diese Dienstleistung von tredition, um unter eigener Marke ohne Risiko Bücher zu verlegen.

Alle Informationen im Internet: **www.tredition.de/fuer-verlage**

tredition wurde mit mehreren Innovationspreisen ausgezeichnet, u. a. mit dem Webfuture Award und dem Innovationspreis der Buch Digitale.

tredition ist Mitglied im Börsenverein des Deutschen Buchhandels.

Dieses Werk elektronisch lesen

Dieses Werk ist Teil der Gutenberg-DE Edition DVD. Diese enthält das komplette Archiv des Projekt Gutenberg-DE. Die DVD ist im Internet erhältlich auf **http://gutenbergshop.abc.de**